맛있는 성경공부 성품 시리즈 ③

관계성품

배려 · 친절 · 순종

맛있는 성경공부 성품 시리즈 ③

관계성품

배려 · 친절 · 순종

이대희 지음

아가페북스

머리말

맛있는 성경공부 「성품」 시리즈를 펴내면서

이곳 저곳에서 학교교육의 문제점이 많이 나타나고 있습니다. 괴롭힘, 집단 따돌림, 폭력, 우울증, 자살 등 상처는 생각보다 심각합니다. 이것은 그동안 우리 사회가 인성보다는 재능과 기능 위주로 교육해 온 결과입니다. 20년 가까이 학교에서 배우는 것이라고는 공부 기술을 익혀 입시에 성공하는 것입니다. 대학입시 과목에 해당하지 않는 것은 사실상 교육에서도 제외됩니다. 그 결과 우리의 학교교육은 점점 붕괴되어 가고 있습니다. 이제야 인성교육의 중요성을 알고 시도해 보지만 만만치 않습니다. 인성교육이 안 되면 다른 교육이 잘된다 해도 의미가 없습니다. 마치 기초 없는 집을 짓는 것과 같습니다.

문제는 인성교육의 중요성을 알고 있지만, 어떻게 실천해야 할지 막막하다는 것입니다. 우선 사람을 가르치고 성품을 훈련하는 교과서가 마땅치 않습니다. 물론 교사도 거의 없는 실정입니다. 교과목의 교사만 있지 가장 중요한 인성교사는 없습니다. 가정에서 부모가 인성교육을 해야 하는데, 바쁜 맞벌이 부부는 자녀의 얼굴 보는 것조차 어렵습니다.

인성교육을 위해서는 성품교육이 우선입니다. 성품은 행동으로 말하는 것으로, 전인적인 인간의 모습입니다. 부모의 성품은 자녀의 성품으로 이어집니다. 그래서 성품교육은 부모와 자녀 모두에게 중요합니다. 온 가족과 전 세대가 함께해야 하는 교육입니다. 성품교육을 위한 최고의 교과서는 성경입니다.

맛있는 성경공부 「성품」 시리즈는 사람에게 필요한 성품 12가지를 정해, 매달 한 가지 주제를 집중적으로 3회에 걸쳐 공부하면서 성품을 훈련해 나가는 방법으로 기획되었습니다. 말씀 속에서 함께 생각하고 질문하고 이야기를 나누고 토론하면서 우리 속에 하나님의 성품이 새겨지는 시간이 되면 좋겠습니다.

이 시리즈는 가정과 교회에서 다양하게 사용할 수 있습니다. 특히 주 5일 근무제에 맞추어 실시하는 교회의 토요학교에서 집중적으로 토론하면서 공부하면 매우 유익할 것입니다. 성품은 단시간에 만들어지는 것이 아닙니다. 평생에 걸쳐 지속적으로 그리고 반복적인 습관을 통해 성품으로 자리 잡는 것입니다.

아무쪼록 이 교재가 여러분의 가정과 교회에 좋은 성품이 세워지는 데 조금이나마 도움이 되길 소원합니다. 성품은 평생을 이기는 힘입니다. 하나님의 형상을 닮은 인간이 죄로 인해 파괴된 하나님의 성품을 회복하는 기회가 되면 좋겠습니다. 이제는 한국 교회와 그리스도인이 인격과 성품으로 세상에 복음을 전하는 역사가 일어나기를 기도합니다.

이대희

「성품」 시리즈 특징과 사용법

□ 교재의 특징 □

1. '맛있는 성경공부법'을 적용한 성경공부다(자세한 내용은 『맛있는 성경공부』 참조).
2. 인성의 기초가 되는 12가지 핵심 성품을 통해 인성을 키우는 전인적인 성경공부다.
3. 한 가지 성품 주제를 3회에 걸쳐 집중적으로 공부하면서 성품을 습관화한다.
4. 중등부 이상이면 전천후(제자훈련, 소그룹, 가정양육, 구역모임)로 사용할 수 있다.
5. 사고력과 창의력을 키워준다.
6. 질문과 토론으로 사고를 깊게 하여 삶을 변화시킨다.
7. 개인이 충분히 공부한 후 소그룹으로 함께하면 더 효과적이다.
8. 교회와 가정과 직장에서 '성품학교'를 위한 교재로 사용할 수 있다.
9. 성경 본문과 주제를 함께 경험하는 성경공부다.
10. 귀납적, 이야기식, 대화식 방법을 통합한 히브리인들의 성경공부다.
11. 주말에 교회학교와 가정에서 자녀교육용으로 사용할 수 있다.

ㅁ 목표 ㅁ

12개의 성품 주제를 매달 한 가지씩 1년에 걸쳐 공부하면서 성품을 훈련하고 습관화한다. 이 성경공부의 목표는 예수님의 성품을 닮아가는 데 있다.

ㅁ 과정 구성 ㅁ

권	영역	주제 (각 주제를 3과로 구성)
1	기초성품	신뢰, 긍정, 책임
2	태도성품	경청, 성실, 정직
3	관계성품	배려, 친절, 순종
4	생활성품	감사, 절제, 인내

□ 양육과정 □

이 시리즈는 12가지 성품 주제를 각각 3과에 걸쳐 집중적으로 공부하면서 1년 동안 성품을 형성해가도록 구성했다. 12가지 핵심 주제를 기초, 태도, 관계, 생활의 단계로 영역을 넓혀나가면서 전인적인 성품이 되도록 했다. 이외에 필요한 성품 주제들(겸손, 용서, 기쁨, 충성, 섬김…)은 여기서 가지를 치면서 차후에 공부하기로 한다.

□ 교재구성 □

한 개의 성품 주제를 3과에 걸쳐 공부하면서 성품에 대해 깨달아, 성품의 삶을 실천하는 데 중점을 두고 과정을 구성했다. 한 개의 주제를 1과로 마치면 깊이 있는 공부가 되지 않아 지식으로만 머물 가능성이 크다. 따라서 한 가지 성품을 3회에 걸쳐서 집중적으로 공부하면서 경험화, 습관화, 생활화하도록 했다. 마지막 단계 'Tip 성품연습'과 '성품 사람 만들기'를 통해 성품이 몸과 생활에 적용되도록 실천훈련 가이드도 제시했다.

□ 성경공부 단계 □

1단계 생활 나눔: 성품을 이미 경험된 생활과 연결한다.

2단계 말씀의 살핌: 관련된 성경 본문을 관찰하면서 성품의 내용을 이해한다.

3단계 말씀의 깨달음: 성품에 관한 말씀의 의미를 해석하면서 깨달음의 과정에 이른다.

4단계 말씀의 적용: 깨달은 말씀을 적용하고 실천하여 자기 성품으로 만든다.

5단계 실천 메시지: 핵심적인 내용을 성품 예화와 함께 정리한다.

6단계 Tip 성품 연습하기, 성품 사람 만들기, 참고성경: 지속적인 성품 연습을 통해 성품의 사람을 만들고, 성품을 확장 발전시키는 후속단계다.

□ 성경공부 6단계 과정표 □

'맛있는 성경공부' 시리즈는 6단계 과정으로 구성되었다. 이것은 히브리인들이 성경을 연구하는 과정을 응용한 것으로 이 과정은 나눔, 이야기, 질문, 대화, 토론, 발표, 실천을 통합한다. 이것은 성경공부를 통해 영적 능력뿐 아니라 관찰력, 분석력, 사고력, 집중력, 대화력, 학습력, 창의력도 함께 배양하는 효과가 있다. 또 1차원(정보), 2차원(지식), 3차원(창의성), 4차원(지혜)의 능력을 키워 세상을 이기는 그리스도인을 만든다.

◻ 성품교육을 위한 원리 ◻

1. 성품(性品)은 성품(聖品)이다.

성품교육은 인간의 타락한 성품이 아닌 하나님의 거룩한 성품을 닮는 것이다.

2. 성품은 사람들이 볼 수 있게 밖으로 드러나는 것이다.

성품은 보이지 않는 믿음이 삶에서 행위로 자연스럽게 드러나는 것이다.

3. 모델을 통해 성품을 배운다.

성품은 지식으로 받아들이기보다는 인격과 삶의 모델을 통한 교육이 좋다.

4. 성품교육의 목적은 그리스도의 성품을 닮는 것이다.

그리스도인의 성품 모델은 예수 그리스도다.

5. 성품은 그리스도의 힘으로 완성된다.

성품의 완성은 그리스도의 힘으로만 가능하다.

6. 순종하는 성품은 열매를 맺는다.

순종 여부에 따라 성령의 열매가 맺힌다.

7. 성품은 태도와 행위로 드러난다.

성품은 하나님께 의존하지만 인간의 책임 있는 행동도 동시에 필요하다.

8. 성품은 관계 속에서 만들어진다.

성품은 하나님, 자신, 인간, 공동체 관계에서 형성되고, 관계에 영향을 미친다.

9. 성품은 점진적으로 성장한다.

성품은 한 번에 형성되지 않고 점진적으로 성장한다.

10. 성품은 균형 잡힌 성장이다.

어느 하나가 아닌 다양한 성품 주제를 균형 있게 발전시켜 나가야 한다.

11. 성품은 평생 여정이다.

성품은 주님 앞에 서는 날까지 계속되는 평생과정이다.

12. 성품은 옷을 입고 벗는 것과 같다.

옛 성품은 벗어버리고 새 성품을 입어야 한다.

13. 성품은 값을 지불해야 한다.

성품은 거저 얻는 것이 아니다. 희생과 포기와 연단을 통과해야 한다.

14. 성품은 내면의 변화가 우선이다.

내면에서 역사하시는 하나님의 일에 집중할 때 변화가 일어난다.

15. 성품은 습관이 되도록 계속 연습해야 한다.

성품의 주제와 정의를 말로 표현하고, 깊이 묵상한 후, 자기의 옷이 되게 한다.

16. 성품은 인생의 마지막 모습이다.

주님 앞에 설 때는 주님을 닮은 성품으로 마무리된다.

「성품」 시리즈 1-4권

– 1권 –

기초성품

01_ 신뢰

1. 하나님에 대한 신뢰
2. 자신에 대한 신뢰
3. 이웃에 대한 신뢰

02_ 긍정

1. 긍정으로 비전을 이루라
2. 자신감을 갖게 하는 긍정
3. 고난을 이기게 하는 긍정

03_ 책임

1. 말에 대한 책임
2. 일에 대한 책임
3. 세상에 대한 책임

– 2권 –

태도성품

01_ 경청

1. 최고의 경청
2. 마음으로 들어라
3. 성공의 비결

02_ 성실

1. 성실은 모든 것의 기본이다
2. 하나님의 성실을 배워라
3. 맡은 일에 성실하라

03_ 정직

1. 정직합니까
2. 믿음이 정직이다
3. 정직하지 못한 사람들

– 3권 –

관계성품

01_ 배려

1. 타인의 입장에서 베푸는 배려
2. 사람을 귀하게 여기는 배려
3. 이웃을 내 몸처럼 사랑하는 배려

02_ 친절

1. 친절한 사람을 찾다
2. 친절은 상대방을 소중히 여기는 것이다
3. 모든 사람에게 친절하라

03_ 순종

1. 순종은 축복의 비결이다
2. 순종이 제사보다 낫다
3. 질서에 순종하라

– 4권 –

생활성품

01_ 감사

1. 감사하는 사람이 되라
2. 감사는 기적을 낳는다
3. 감사는 표현하는 것이다

02_ 절제

1. 마음을 다스리는 절제
2. 말을 다스리는 절제
3. 힘을 다스리는 절제

03_ 인내

1. 인내하는 자가 성공한다
2. 끝까지 인내하라
3. 기도로 인내를 이루라

관계성품

CONTENTS

배려

친절

순종

1부 배려

| 다른 사람에게 관심을 갖고 도와주거나 보살펴주려고 마음 쓰는 것 |

Delicious Bible study_01

타인의 입장에서 베푸는 배려

| 사무엘하 9장 1-13절 |

생활 나눔

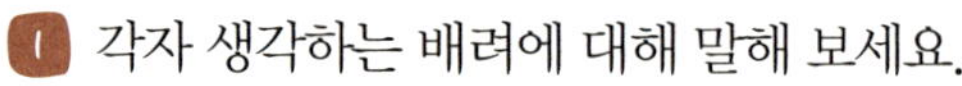

1. 각자 생각하는 배려에 대해 말해 보세요.

2. 지금까지 지내오면서 가족과 사랑하는 사람을 배려하지 못해 마음 아팠던 적이 있으면 말해 보세요.

말씀의 살핌

■ 사무엘하 9장 1－13절을 읽고 다음 질문에 답해 보세요.

1 다윗의 친한 친구는 누구였습니까? 그는 어떻게 되었습니까? (1)

2 다윗을 죽이려고 했던 사울이 죽은 후, 다윗 왕은 사울의 집에 남은 사람을 찾았습니다. 그 이유는 무엇입니까? (1－3)

3 다윗은 사울의 집안에 남은 사람을 데려오게 했는데, 그는 누구였으며 당시 그의 상태는 어떠했습니까? (3－6)

4. 다윗은 므비보셋을 어떻게 배려했습니까? (7)

5. 다윗의 배려에 므비보셋은 어떻게 응답했습니까? (8)

6. 다윗은 사울 집안의 남아 있는 사람들을 어떻게 배려했습니까? (9–10)

7. 므비보셋에게는 어떤 장애가 있습니까? 그리고 므비보셋과 어린 아들은 다윗에게 어떤 대우를 받으면서 남은 여생을 살았습니까? (11–13)

말씀의 깨달음

1 사울 집안이 멸망하자 므비보셋은 홀로 남게 되었습니다. 므비보셋의 그때 상황이 어떠했을지 므비보셋의 입장에서 말해 보세요. 지금 므비보셋에게 가장 필요한 것은 무엇이겠습니까?

2 배려(caring)의 사전적 의미는 '도와주거나 보살펴주려고 마음을 씀'입니다. 즉, 상대방이 처한 환경에 대해 사랑과 관심을 갖고 잘 보살펴주는 것을 말합니다. 한자어에 상대방과 처지를 바꾸어 생각하라는 뜻의 '역지사지(易地思之)'가 있습니다. 므비보셋을 생각하며 은혜를 베푼 다윗의 배려심은 어디서 나온 것일까요?
(삼하 9:1,7; 눅 10:25-37; 갈 5:14-15 참고)

3 다윗이 므비보셋뿐 아니라 므비보셋의 아들까지 배려한 것과, 그의 종 시바를 통해 므비보셋을 왕처럼 잘 섬기도록 배려한 것에는 어떤 의미가 있습니까? 이것을 통해 깨달은 바람직한 배려심이 무엇인지 말해 보세요.

STEP_FOUR

말씀의 적용

1 당신이 상대방을 잘 배려하지 못하는 이유는 무엇입니까?

2 현재 당신이 배려해야 할 사람은 누구이며, 어떻게 배려해야 합니까?

3 배려심을 갖기 위한 구체적인 실천 방법을 말해 보세요.

실천 메시지

지도자를 고귀하게 만드는 성품

1975년 어느 날, 일본 내셔널 제품으로 유명한 세계적인 기업가 마쓰시다 회장이 오사카의 한 레스토랑에 들러 식사했습니다. 그런데 회장은 주문한 스테이크를 절반밖에 먹지 않았습니다. 먼저 식사를 끝낸 회장이 담당요리사를 불렀습니다. 뭔가 큰 잘못을 저지른 것 같아 바짝 긴장한 요리사에게 회장이 말했습니다.

"오늘 … 스테이크를 절반밖에 먹지 못했습니다. 맛이 없어서가 아니라 올해 내 나이가 80세다 보니 식욕과 식사량이 예전 같지 않았어요…."

"아, 그러세요…."

요리사가 긴장을 풀며 대답했습니다.

"내가 반밖에 먹지 않으면 주방장님이 기분이 상할 것 같아 이렇게 부른 것입니다. 맛은 최고입니다. 고맙습니다."

위대한 지도자는 다른 사람을 배려합니다. 예수님도 늘 우리를 배려하셨습니다. 죄 짓는 연약한 인간인 우리를 쉽게 정죄하거나 무시하지 않으셨습니다. 끝까지 참고 최대한 배려하셨습니다. 그런 배려가 없었다면 우리는 구원받을 수 없었을 것입니다. 나 자신만 생각하지 않고 상대방이 불편해하지는 않는지를 생각하는 것이 배려입니다. 이것이 곧 이웃을 내 몸처럼 사랑하는 것입니다.

위대한 사람이 되고 싶습니까? 지금부터 다른 사람을 배려하는 성품을 기르십시오. 다른 사람이 위대하게 보일 때 다른 사람이 당신을 위대하게 여길 것입니다.

Tip 배려 성품 연습하기

배려의 기술

1. 상대방의 입장에서 생각하고 행동하자.
2. 상대방을 잘 관찰하자(외모, 눈빛, 태도, 행동).
3. 많이 듣고 많이 묻자.
4. 사소한 감동을 주자.
5. 좋은 것은 양보하자.
6. 상대방을 높여주자.

Delicious Bible study_ 02

사람을 귀하게 여기는 배려

| 룻기 2장 8–23절 |

생활 나눔

1 당신은 가정과 이웃의 어떤 부분을 배려해야 할지 나누어보세요.

2 다른 사람에게 배려받고 싶은 부분이 있다면 어떤 것인지 말해 보세요.

말씀의 살핌

▪ 룻기 2장 8-23절을 읽고 질문에 답해 보세요.

1. 보아스는 이방 모압 지방에서 온 가난한 룻이 열심히 이삭 줍는 모습을 보고 룻을 배려했습니다. 어떻게 배려했습니까? (8-9)

2. 룻은 이런 보아스의 따스한 배려에 어떻게 감사했습니까? (10)

3. 보아스는 룻에 대한 사정을 어느 정도 알고 있었습니까? (11)

4 이런 룻에게 보아스는 하나님의 은혜를 기원했습니다. 어떻게 기원했습니까? (12)

5 룻은 보아스에게 어떤 감사의 말을 전했습니까? (13)

6 보아스는 계속해서 룻을 배려하는데, 어떻게 배려했는지 말해 보세요. (14-16)

7 룻은 보아스의 배려 덕분에 어떻게 지냈습니까? (17-23)

말씀의 깨달음

1 룻은 보아스의 배려로 이방 나라에서 힘든 시간을 잘 보내게 됩니다. 보아스가 룻을 어떻게 배려했는지 그 특징을 정리해 보세요.

• 일터:

• 수확:

• 안전:

• 물과 식사:

2 보아스가 룻에게 베푼 배려는 단순히 돕는 것 외에 율법에 나타난 말씀을 실천하는 것과도 관계가 있습니다. 보아스의 배려는 사람을 돕는 것이지만, 하나님의 말씀에 순종하는 것이기도 합니다. 말씀 실천과 이웃 사랑은 어떤 관계가 있는지 말해 보세요. (레 19:9-10; 신 24:19-22 참고)

3 보아스의 세심한 배려는 평소 성품에서 나온 것입니다. 보아스는 어떤 인물인지 말해 보세요. 이렇게 배려심 많은 보아스는 후에 그리스도와 어떻게 연결됩니까? (룻 4:21-22 참고)

말씀의 적용

1 주변 사람들에게 배려를 받으면 어떤 생각이 듭니까?

2 보아스의 배려는 자발적이며 세심한 배려였습니다. 당신은 어려움에 처한 사람을 어떻게 배려하고 있습니까? 그런 예가 있으면 말해 보세요.

3 현재 당신의 주변에 배려해야 할 사람은 누구이며, 그들을 어떻게 배려해야 할지 말해 보세요.

실천 메시지

한 사람에서부터 시작하라

난 결코 대중을 구원하려고 하지 않는다.
난 다만 한 사람을 바라볼 뿐이다.
난 한 번에 단지 한 사람만을 껴안을 수 있다.
단지 한 사람, 한 사람씩만…

– 마더 테레사

배려는 한 사람에서부터 시작됩니다. 배려는 거창한 것이 아닙니다. 지금 있는 자리에서 시작하면 됩니다. 가장 가까운 가족과 이웃을 친근하게 사랑으로 대하면 됩니다. 자신보다 남을 더 낫게 여기는 것이 배려입니다. 이런 사회는 행복합니다. 이런 사람이 주위에 많으면 살맛이 납니다. 작은 한 사람이라도 존경하고 소중하게 여기면 그것이 곧 배려입니다. 다른 사람에게 존중받는다고 생각하면 힘이 납니다.

다른 사람을 배려하려면 먼저 자기 자신부터 배려할 수 있어야 합니다. 자기를 배려하지 못하면 다른 사람도 배려할 수 없습니다. 자기를 사랑하지 않으면 다른 사람도 사랑할 수 없습니다.

이웃은 또 다른 나입니다. 그렇게 이웃을 바라보면 그들에게 무엇을 해야 할지 생각이 납니다. 배려해야 할 부분이 보이는 것입니다. 그리고 그것을 자연스럽게 행동에 옮기면 됩니다. 자기가 할 수 있는 최선의 일을 찾으면 배려는 당장 실천할 수 있습니다. 가까운 교회와 이웃에게 먼저 시작하면 어떨까요?

Tip 배려 성품 연습하기

배려의 4가지 실천 포인트

1. 상대방을 자기 자신이라고 생각하자.
2. 상대방이 원하는 것을 주자.
3. 받기 전에 먼저 주자.
4. 날마다 노력하고 연습하자.

Delicious Bible study_03

이웃을 내 몸처럼 사랑하는 배려

| 마가복음 12장 28-34절 |

생활 나눔

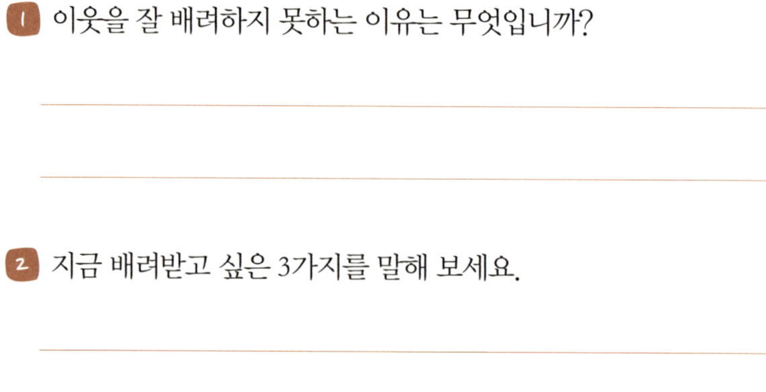

1 이웃을 잘 배려하지 못하는 이유는 무엇입니까?

2 지금 배려받고 싶은 3가지를 말해 보세요.

말씀의 살핌

■ 마가복음 12장 28-34절을 읽고 질문에 답해 보세요.

1. 서기관 중 한 사람이 예수님께 나아와 물은 내용은 무엇입니까? (28)

2. 예수님은 뭐라고 대답하셨습니까? (29-31)

• 첫째:

• 둘째:

3 서기관은 예수님이 대답하신 내용을 어떻게 이해했습니까? (32-33)

• 첫째:

• 둘째:

4 서기관의 대답에 대한 예수님의 평가는 무엇입니까? 그리고 그에게 주신 축복의 말씀은 무엇입니까? (34)

말씀의 깨달음

1 구약 성경에서 가장 중요한 내용은 하나님과 이웃에 대한 사랑입니다. 성경의 핵심은 바로 사랑입니다. 왜 사랑이 모든 계명 중 으뜸인지 다른 종교와 비교해서 말해 보세요.

2 하나님을 사랑하는 것은 곧 이웃을 사랑하는 것입니다. 특히 하나님을 마음과 목숨과 뜻과 힘을 다해 사랑하는 것과 이웃을 내 몸처럼 사랑하라고 하신 것은 어떻게 사랑하라는 의미인지 말해 보세요.

3 배려는 이웃을 내 몸처럼 사랑하는 것입니다. 이런 원리로 다른 사람을 배려한다면 어떻게 해야 하는지 그 방법을 말해 보세요.

말씀의 적용

1 당신은 다른 사람을 어떻게 배려합니까?

2 이웃 중에 배려해야 할 사람이 있다면 어떤 사람인지 말해 보세요. 또 어떻게 배려해야 하는지도 말해 보세요.

3 오늘 주신 말씀에서 당신이 깨달은 교훈은 무엇입니까?

실천 메시지

작은 배려가 만든 힘

외아들을 둔 아버지가 있었습니다. 하루는 자전거를 타고 놀던 아들이 크게 부상을 당했습니다. 자전거 바퀴가 나무와 무쇠로 만들어져 작은 충격에도 심하게 흔들렸던 것입니다. 아버지는 아들의 상처를 치료하면서 좀더 안전한 바퀴가 없을까 생각했습니다.

어느 날 아들이 축구공을 들고 와 아버지에게 공기를 넣어달라고 부탁했습니다. 아버지는 축구공에 공기를 넣다가 중요한 사실을 발견했습니다. '자동차와 자전거에 공기타이어를 사용하면 훨씬 안전하고 안락할 텐데….'

그는 아들에 대한 사랑으로 공기타이어를 만들었습니다. 그리고 그 타이어는 전 세계로 급속히 퍼져나갔습니다. 이 사람이 바로 세계 최초로 공기타이어를 개발한 던롭(John Boyd Dunlop)입니다.

위대한 일은 언제나 작은 일에서 시작됩니다. 그리고 문제와 실수를 통해서 일어납니다. 문제가 생길 때 그것을 비난하지 말고 사랑과 관심을 가지고 해결하려고 하면 위대한 기적이 나타납니다. 당신의 배려로 인한 작은 사랑과 관심은 한 사람을 위대하게 만드는 씨앗입니다. 지금 주변에 배려받지 못해 힘들어하고 있는 사람은 없는지 살펴보세요.

Tip 배려 성품 연습하기

배려, 작은 것부터 실천하자

1. 다른 사람이 힘들어하는 것을 빨리 알아차리고 도와주자.
2. 다른 사람이 괴로워하고 있으면 찾아가 손을 잡고 위로하자.
3. 다른 사람이 우는 것을 보면 함께 울자.
4. 다른 사람이 이기면 자기 일처럼 즐거워하자.
5. 다른 사람의 기분이 상하지 않도록 지저분한 환경은 미리 정리하자.
6. 다른 사람이 힘들어할 때 용기와 위로의 한 마디를 건네자. (문자, 쪽지, 전화, 편지 등)
7. 일이 생각처럼 잘 되지 않을 때 같이 아파하며 해결점을 찾자.

가정과 생활에서 성품을 습관화하기

다음 질문에 대한 실천사항을 말해 보세요.

1. 당신은 가족 한 사람 한 사람을 어떻게 배려하겠습니까?
2. 당신이 부모라면 자녀를 어떻게 배려하겠습니까?
3. 당신이 자녀라면 부모님을 어떻게 배려하겠습니까?
4. 당신이 당신의 이웃이라면 당신 가정을 어떻게 배려하겠습니까?
5. 당신이 당신의 친구라면 당신을 어떻게 배려하겠습니까?
6. 당신이 회사 경영자(직원)라면 당신을 어떻게 배려하겠습니까?
7. 교회에서 어떻게 배려하는 사람이 아름답습니까?

실천사항

다음과 같은 배려의 말로 배려를 연습해 보세요.

1. 마음을 넓고 깊게 해주는말: "미안해!"
2. 겸손의 인격을 쌓는 말: "고마워!"
3. 날마다 새롭고 감미로운 말: "사랑해!"
4. 사람을 사람답게 자리 잡아주는 말: "잘했어!"
5. 화해와 평화를 가져오는 말: "내가 잘못했어!"
6. 모든 것을 덮어 하나 되게 하는 말: "우리는…"
7. 세상에서 가장 보배로운 말: "친구여!"
8. 봄비처럼 생각을 쑥쑥 키워주는 말: "네 생각은 어때?"
9. 퇴근할 때 서로 힘을 실어주는 말: "수고했어!"
10. 일을 마쳤을 때: "고생 많았어!"
11. 힘들어할 때: "반드시 좋은 일이 생길 거야!"
12. 일을 시킬 때 기분 좋게 하는 말: "… 해주면 어떨까?"

참고성경

- 너희도 우리를 위하여 간구함으로 도우라 이는 우리가 많은 사람의 기도로 얻은 은사로 말미암아 많은 사람이 우리를 위하여 감사하게 하려 함이라 _고후 1:11
- 또 참으로 나와 멍에를 같이한 네게 구하노니 복음에 나와 함께 힘쓰던 저 여인들을 돕고 _빌 4:3상
- 그러므로 무엇이든지 남에게 대접을 받고자 하는 대로 너희도 남을 대접하라 이것이 율법이요 선지자니라 _마 7:12
- 비판을 받지 아니하려거든 비판하지 말라 너희가 비판하는 그 비판으로 너희가 비판을 받을 것이요 너희가 헤아리는 그 헤아림으로 너희가 헤아림을 받을 것이니라 _마 7:1–2
- 헛된 영광을 구하여 서로 노엽게 하거나 서로 투기하지 말지니라 _갈 5:26

"우리 각 사람이 이웃을 기쁘게 하되
선을 이루고 덕을 세우도록 할지니라"

– 롬 15:2 –

2부 친절

| 사람을 친근함과 호의적으로 대하는 태도 |

Delicious Bible study_01

친절한 사람을 찾다

| 열왕기하 4장 8–17절 |

생활 나눔

1 친절의 정의를 말해 보세요.

2 상대방이 친절하게 대하면 기분이 좋습니다. 왜 그럴까요? 기억에 남는 친절한 사람이 있으면 그 감동스러웠던 이야기를 나누어 보세요.

3 "친절은 벙어리가 말할 수 있는 언어요. 귀머거리가 들을 수 있고 이해할 수 있는 언어다."라는 크리스천 네스텔 보비(Christian Nestell Bovee)의 명언의 의미를 나누어보세요.

말씀의 살핌

■ 열왕기하 4장 8-17절을 읽고 질문에 답해 보세요.

1 엘리사가 수넴을 지나갈 때마다 들려서 음식을 먹은 집은 누구의 집입니까? (8)

2 이 여인은 엘리사에 대해 남편에게 뭐라고 말했습니까? (9)

3 수넴에 있는 여인과 남편은 엘리사에게 어떤 친절을 베풀었습니까? (10)

4. 엘리사는 수넴 여인의 집 방에 들어가 누워 사환 게하시에게 무엇을 시켰습니까? (11–12)

5. 엘리사는 여인의 어떤 점을 칭찬했습니까? (13)

6. 엘리사는 아들이 없고 남편도 늙은 수넴 여인에게 무엇을 예언했습니까? (14–16)

7. 한 해가 지난 후 엘리사의 예언은 어떻게 응답되었습니까? 그 후 수넴 여인에게 생긴 문제는 무엇입니까? (17–20)

8 여인은 자기 문제를 해결하기 위해 누구를 찾아 갔습니까?

(21–25)

말씀의 깨달음

1 친절은 이웃에게 사랑과 자비를 베푸는 것입니다. 엘리사를 항상 대접했던 수넴 여인의 좋은 성품은 무엇입니까?

2 나그네에게 친절과 자비를 베푼 수넴 여인에게 엘리사는 아이 낳는 복을 허락해 줍니다. 특별히 아이를 낳게 해달라고 말하지 않았는데도 자연스럽게 은혜가 임한 것입니다. 이것을 통해 깨달은 교훈은 무엇입니까?

3 수넴 여인이 엘리사에게 친절을 베푼 모습을 통해 친절을 베푸는 구체적인 방법을 정리해 보세요.

STEP_FOUR

말씀의 적용

1 그리스도인은 이웃에게 무례히 행하면 안 됩니다. 친절한 사람으로 인식되어야 합니다. 당신은 이웃에게 어떤 친절을 베풀고 있습니까? 가까운 이웃과 주변 사람들에게 친절을 베푸는지 당신의 모습을 점검해 보세요.

2 이번 주간에 실천할 수 있는 친절에 대해 말해 보세요. (언제, 누구에게, 무엇을)

3 오늘 주신 말씀에서 당신이 깨달은 교훈은 무엇입니까?

실천 메시지

작은 친절을 베풀었을 뿐인데

미국 피츠버그에서 있었던 일입니다. 비가 내리는 어느 날 할머니 한 분이 가구점이 모여 있는 거리에서 여기저기를 살피고 있었습니다. 아무도 그 할머니에게 신경을 쓰지 않았습니다. 그런데 한 상점 주인이 할머니를 안으로 모셨습니다. 할머니는 "나는 가구를 사러온 것이 아니라 차를 기다리며 시간을 보내려는 것입니다." 하고 말했습니다. 그러나 주인은 "물건을 안 사셔도 좋습니다. 편히 앉아 구경하세요." 하면서 친절하게 말한 다음, 차 번호를 적어 몇 번이나 밖에 나가 차가 왔는지 살펴보았습니다. 이것을 본 주변 사람들은 그를 비아냥거렸습니다. 그러나 그는 차가 올 때까지 미소를 잃지 않고 할머니에게 친절을 베풀었습니다.

그런데 며칠 후 그는 미국의 대재벌 강철 왕 카네기에게서 깜짝 놀랄 편지를 받았습니다. "비오는 날 제 어머니께 베푼 당신의 친절에 감사드립니다. 이제부터 우리 회사에 필요한 가구 일체를 당신에게 의뢰할 것이고, 고향 스코틀랜드에 짓는 큰 집에 필요한 가구도 모두 당신에게 의뢰할 것입니다."

친절은 사람에게 베푸는 선한 행동입니다. 설사 모르는 사람일지라도 그 사람은 당신과 같은 사람입니다. 이웃을 자기 몸처럼 사랑하는 사람은 항상 친절을 베풉니다. 오늘도 당신이 만나는 사람은 또 다른 당신입니다. 만나는 사람마다 친절히 대하십시오. 그렇게 베푼 친절은 다시 당신에게 돌아옵니다. 어쩌면 하나님이 당신에게 보내주신 천사일 수도 있습니다.

Tip 친절 성품 연습하기

친절은…

1. 친절은 이웃에게 자비를 베푸는 것입니다.
2. 친절은 이웃에게 사랑을 베푸는 것입니다.
3. 친절은 이웃을 인자하게 대하는 것입니다.
4. 친절은 다른 사람을 자기보다 높이는 것입니다.
5. 친절은 다른 사람을 귀하게 생각하는 것입니다.
6. 친절은 마음을 몸으로 표현하는 것입니다.
7. 친절은 온유한 마음으로 사람을 대하는 것입니다.

Delicious Bible study_ 02

친절은 상대방을 소중히 여기는 것이다

| 누가복음 10장 25-37절 |

생활 나눔

1 사람들은 왜 불친절할까요? 불친절함을 경험해 본 적이 있으면 그때 받은 느낌을 말해 보세요.

2 친절은 인간의 대가성 없는 자연스러운 본능이어야 합니다. 대가를 얻기 위한 친절(봉사료, 팁)은 오래가지 못합니다. 친절을 연습할 때 주의해야 할 점은 무엇입니까?

말씀의 살핌

▪ 누가복음 10장 25–37절을 읽고 질문에 답해 보세요.

1 율법교사가 예수님을 찾아와 질문한 내용은 무엇입니까? (25)

2 예수님이 영생을 얻기 위한 방법으로 율법에 기록된 내용을 묻자 율법교사는 뭐라고 대답했습니까? (26–27)

3 율법교사의 대답에 예수님은 뭐라고 말씀하셨습니까? (28)

4 자기를 옳게 보이려고 이웃이 누구인지 물은 율법교사에게 예수님이 비유로 말씀하신 것은 무엇입니까? (30-35)

5 강도 만난 자의 이웃이 누구냐는 질문에 율법교사는 뭐라고 말했습니까? 그것에 대한 예수님의 대답은 무엇입니까? (36-37)

말씀의 깨달음

1 친절은 이웃에게 사랑을 베푸는 것입니다. 또 자비의 마음을 갖고 행동하는 것입니다. 이런 마음이 없으면 친절을 베풀기가 어렵습니다. 유대인 율법교사의 문제점은 무엇입니까?

2 예수님의 비유에 나오는 제사장과 레위인은 왜 강도 만난 사람에게 친절을 베풀지 않고 그냥 지나갔을까요? 이것을 볼 때 사람들이 친절하지 못한 이유는 무엇인가요?

3 강도 만난 자에게 자비를 베푼 선한 사마리아 사람은 한 마디로 친절한 성품을 지닌 사람이었습니다. 그가 베푼 친절을 통해 당신은 어떤 도전을 받습니까?

말씀의 적용

1. 우리 주변에 친절을 베풀어야 할 사람은 생각보다 많습니다. 가까운 이웃 중에 당신의 친절을 필요로 하는 사람이 있는지 찾아보고 실천해 보세요.

2. 당신이 적극적으로 이웃에게 친절을 베풀지 못하는 가장 큰 이유는 무엇입니까? 그것을 찾아 회개하고 하나님의 도우심을 구하세요. 그리고 세상에서 무례한 크리스천(교회)은 아닌지 자신을 돌아보는 기회를 가지세요.

3. 오늘 주신 말씀에서 얻은 교훈은 무엇입니까?

실천 메시지

가슴에 오래 남는 사람

사람들은 친절한 사람을 좋아합니다. 사람의 가슴에 오래 간직되는 것은 친절을 베푼 그 사랑입니다. 친절한 사람은 오랫동안 가슴에 남습니다. 가슴을 파고드는 언어도 친절한 언어입니다. 그러고 보니 친절이라는 말은 참 좋은 말입니다. 말만 들어도 가슴이 따뜻해지니까요. 친절은 부드럽고 따스합니다. 그런 사람을 우리는 늘 곁에 두고 싶어합니다.

그러나 친절은 사람의 타고난 성품이 아닙니다. 사람은 본래 자기중심적입니다. 그래서 친절을 베풀기보다는 다른 사람에게 친절히 대우받는 것을 좋아합니다. 친절한 성품은 그냥 생기는 것이 아닙니다. 꾸준히 배우고 연습해야 합니다. 특히 작은 것부터 친절히 대하는 습관을 들어야 합니다. 한 사람의 마음을 좋게 하면 모두가 좋아집니다. 그러나 한 사람의 마음을 불편하게 하면 모두의 분위기가 좋지 않습니다.

하나님이 보시기에 위대한 사람은 자신보다 부족한 사람에게 친절을 베푸는 사람입니다. 높은 사람에게는 친절하려고 애쓰지만, 보잘

것없는 사람은 무시하고 함부로 대하는 경우가 많습니다.

토머스 카알라일은 "위대한 사람은 아랫사람을 대하는 태도로 자신의 위대함을 증명한다"고 했고, 미 대통령 아이젠하워는 "부하와 동료들의 희생을 통해 이름을 얻은 사람은 당연히 겸손함을 배워야 한다"고 했습니다. 또 헬런 켈러는 "삭막한 인생을 친절로 적시는 사람이 되라"고 말했습니다.

당신은 사람을 어떻게 대합니까? 무뚝뚝하게 대합니까, 친절하게 대합니까? 또 사람들에게 어떤 사람으로 기억됩니까? 혹시 불친절한 사람으로 기억되지는 않습니까?

Tip 친절 성품 연습하기

이렇게 친절하라

1. 만나면 친절하게 미소 짓자.
2. 친절하게 말을 걸자.
3. 만나서 인사할 때는 따뜻하게 악수하자.
4. 상대방의 불편함을 최소화하도록 신경 쓰자.

Delicious Bible study_03

모든 사람에게 친절하라

| 창세기 18장 1–15절 |

생활 나눔

1 당신은 만나는 사람들을 어떤 자세로 대합니까? 자신의 모습을 점검해 보세요.

2 모든 사람을 동일하게 대하는지, 특별한 사람에게만 친절을 베푸는지 말해 보세요. 모든 사람을 친절하게 대하는 것이 잘 안 된다면 그 이유는 무엇입니까?

말씀의 살핌

■ 창세기 18장 1–15절을 읽고 질문에 답해 보세요.

1 아브라함은 장막 문에 앉아 있다가 누구를 만나게 됩니까? (1–2)

2 그들을 본 아브라함은 어떻게 했습니까? (2–3)

3 아브라함은 낯선 세 사람에게 어떻게 친절을 베풀었습니까? (4–5)

4 세 사람을 위해 아브라함과 사라와 종들이 함께 친절하게 음식을 준비하는 모습을 말해 보세요. (6–8)

5 대접받은 세 사람은 아브라함에게 어떤 축복의 소식을 전했습니까? (9–10)

6 이들의 말에 사라는 속으로 어떤 반응을 보였습니까? (11–12)

7 하나님이 아브라함에게 무엇을 말씀하셨습니까? 그에 대한 사라의 반응은 어떠했습니까? (13–15)

말씀의 깨달음

1. 아브라함은 친절한 성품의 사람입니다. 자기 집을 찾아온 나그네들을 친절하게 대접한 것이 결국 천사를 대접한 것이 되었습니다. 이것으로 볼 때 이웃에게 친절을 베풀 때는 어떤 마음으로 해야 합니까? (히 13:2 참고)

2. 우리는 대상을 정해 친절하기보다는 만나는 모든 사람에게 친절해야 합니다. 왜 그래야 합니까? (마 25:45; 골 3:23; 엡 6:7 참고) 이것이 잘 안 되는 이유는 무엇입니까?

3. 친절을 베풀 때는 상대방의 입장에서 그가 원하는 것을 해주어야 합니다. 세심한 친절을 베풀기 위해 우리가 훈련해야 할 점은 무엇입니까?

STEP_FOUR

말씀의 적용

1 당신은 잘 모르는 사람에게 어떻게 친절을 베풀고 있습니까?

2 당신의 일터에서 또는 사람을 만날 때, 친절에 대한 변하지 않는 원칙이나 지침이 있으면 말해 보세요.

3 오늘 주신 말씀에서 깨달은 교훈은 무엇입니까?

실천 메시지

우유 두 잔의 친절

어느 무더운 여름 날, 미국 메릴랜드의 한 마을에 서적 외판원을 하는 남루한 복장의 고학생이 찾아왔습니다. 더위와 굶주림에 지친 청년은 마을 입구의 허름한 집을 방문했습니다. 한 소녀가 책을 파는 학생을 맞아 "우리는 너무 가난해서 책을 살 수가 없어요."라고 말했습니다. 그는 이마의 땀을 닦아내며 시원한 우유 한 잔을 부탁했습니다. 이때 소녀는 쟁반에 우유 두 잔을 담아 정성껏 대접했고, 그는 소녀의 친절에 감동해 수첩에 그녀의 이름을 적어두었습니다.

그 후 20년이 흘렀습니다. 메릴랜드병원에 한 여성 중환자가 실려 왔습니다. 이때 병원장 하워드 켈리 박사는 의사들을 총동원해 환자를 살려냈습니다. 그녀의 치료비는 1만 달러가 넘었습니다. 여인은 1만 달러가 넘는 치료비 청구서를 받아들고 한숨을 토했습니다. 그런데 그녀가 받아든 청구서 뒤에는 병원장의 짤막한 편지 한 장이 붙어 있었습니다. "치료비는 20년 전 제게 주신 우유 두 잔으로 충분합니다." 20년 전에 베푼 작은 친절이 1만 달러가 넘는 보은으로 돌아온 것입니다. 원장이 된 20년 전의 고학생은 우유 두 잔의 친절을 잊지 않았던 것입니다.

탈무드에 "낯선 사람에게 친절하게 하는 것은 천사에게 친절을 베푸는 것과 같다"는 말이 있습니다. 친절을 베푸는 데는 대상이 없습니다. 만나는 사람 누구에게나 친절히 대하는 습관을 들여야 합니다. 친절한 인사, 친절한 말 한 마디와 배려는 사람에게 생기를 줍니다. 만나는 사람에게 친절을 베풀면 그 친절은 바이러스처럼 번져 우리 사회를 행복하게 할 것입니다. 언젠가 당신에게 다시 돌아와 당신을 따스하게 만들 것입니다.

Tip 친절 성품 연습하기

시간별 친절한 인사법

- 아침인사: 밝고 활기차게 인사한다.
- 저녁인사: 차분한 느낌을 주도록 인사한다.
- 만날 때: 반가움을 표현하며 인사한다.
- 헤어질 때: 아쉬운 느낌으로 인사한다.

상황별 친절한 인사법

- 걸으면서 인사할 때: 멀리서 상대와 눈이 마주쳤을 경우 가볍게 목례한 다음, 약 2미터 정도 거리까지 자연스럽게 다가가 인사한다.
- 계단에서 인사할 때: 계단을 오르내릴 때는 가까이 왔을 때 인사한다.
- 앉아서 인사할 때: 앉은 상태에서 상체를 곧게 펴고, 상대의 눈을 보며 가볍게 목례한다.
- 연령별 인사: 연령에 따른 적절한 감정을 연출하여 상황에 맞게 인사한다.

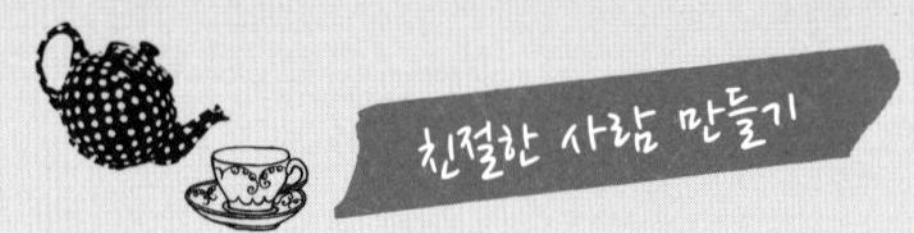

가정과 생활에서 성품을 습관화하기

1. 부모는 자녀에게 인사하는 법을 훈련시킨다.
2. 어른들이 집을 방문할 때 인사하고 배웅하는 법을 연습한다.
3. 대화할 때 친절하게 말하는 법을 익힌다.
4. 물건을 건네줄 때와 일에 순종할 때 공손하게 대하는 법을 익힌다.
5. 불우하고 약한 이웃을 친절하게 대한다.
6. 어린아이에게도 친절하게 대한다.
7. 상대방의 필요를 먼저 헤아려 불편함이 없게 한다.

실천사항

친절의 기본은 인사입니다. 인사는 말과 행동이 합쳐진 마음의 표현입니다. 인사를 제대로 하지 않으면 많은 사람들이 불친절하다고 느낍니다. 그래서 이것을 일상생활에서 훈련하는 것은 참 중요합니다.
인사할 때는 마음을 담아서 해야 합니다. 상대방은 이런 행동으로 마음의 진실을 알게 됩니다. 이것은 하루아침에 되는 것이 아니라 평상시에 훈련하여 몸에 습관이 배어야 합니다.

친절한 인사법

1. 밝은 표정으로 상대방의 눈을 본다.
2. 등과 목을 반듯이 펴고 허리부터 숙인다.
3. 숙인 상태에서 잠시 멈춘다.
4. 천천히 상체를 든다.
5. 밝은 표정으로 상대방을 보고 미소 짓는다.

다양한 인사법(몸을 굽히는 정도에 따라 마음이 전달된다)

1. "안녕하십니까" (일반적인 인사, 반가운 마음): 15도
2. "어서 오십시오" (환영하는 마음): 30도
3. "무엇을 도와드릴까요" (봉사하는 마음): 15도
4. "감사합니다" (감사하는 마음): 45도
5. "죄송합니다" (반성하는 마음): 45도
6. "안녕히 가십시오" (재회를 기대하는 마음): 30도

참고성경

- 산들이 떠나며 언덕들은 옮겨질지라도 나의 자비는 네게서 떠나지 아니하며 나의 화평의 언약은 흔들리지 아니하리라 너를 긍휼히 여기시는 여호와께서 말씀하셨느니라 _사 54:10
- 이는 그리스도 예수 안에서 우리에게 자비하심으로써 그 은혜의 지극히 풍성함을 오는 여러 세대에 나타내려 하심이라 _엡 2:7
- 우리에게 향하신 여호와의 인자하심이 크시고 여호와의 진실하심이 영원함이로다 할렐루야 _시 117:2
- 구하오니 주의 종에게 하신 말씀대로 주의 인자하심이 나의 위안이 되게 하시며 _시 119:76
- 사람은 자기의 인자함으로 남에게 사모함을 받느니라 가난한 자는 거짓말하는 자보다 나으니라 _잠 19:22
- 그러므로 너희는 하나님이 택하사 거룩하고 사랑 받는 자처럼 긍휼과 자비와 겸손과 온유와 오래 참음을 옷 입고 _골 3:12

3부 순종

| 자기를 책임지고 사랑해 주는 사람의 말을 즉시 수행하고 기쁘게 따르는 것 |

Delicious Bible study_01

순종은 축복의 비결이다

| 신명기 28장 1-19절 |

생활 나눔

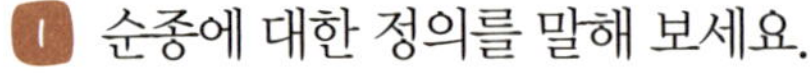

1 순종에 대한 정의를 말해 보세요.

2 사람들은 보통 순종하는 것을 힘들어합니다. 그 이유는 무엇일까요?

말씀의 살핌

▪ 신명기 28장 1–19절을 읽고 다음 질문에 답해 보세요.

1 하나님께 축복받는 길은 무엇입니까? (1)

2 구체적으로 어떤 복이 임합니까? (2–6)

3 적군이 위협할 때 말씀에 순종하는 자를 하나님은 어떻게 지켜주십니까? (7)

4 창고와 소산의 축복은 무엇입니까? (8–12)

5 모든 일에서 머리가 되는 비결은 무엇입니까? (13–14)

6 말씀에 순종하지 않으면 어떤 일이 일어납니까? (15–19)

말씀의 깨달음

1 순종은 말씀을 듣고 지켜 행하는 것까지를 의미합니다. 듣고 행하지 않으면 순종하지 않는 것입니다. 우리의 순종은 머리와 입에 머무는 경우가 많습니다. 전인적인 순종이 중요한 이유는 무엇입니까? (신 6:4–5 참고)

2 최고의 순종은 하나님의 말씀에 대한 순종입니다. 이것을 실천하지 못하면 다른 순종도 어렵습니다. 그러나 이 순종을 먼저 실천하면 다른 순종은 쉽습니다. 왜 그런지 이유를 말해 보세요. (마 26:36–46 참고)

3 우리는 말씀에 순종하여 복을 받습니다. 그 복이 진정한 복입니다. 말씀이 아닌 세상의 지혜로 얻은 복은 오래가지 못하고 나중에는 저주가 됩니다. 왜 우리가 말씀에 순종하여 축복받아야 하는지 그 이유를 말해 보세요.

말씀의 적용

1 당신은 하나님의 말씀을 지키고 실천하기 위해 얼마나 노력하고 있습니까?

2 하나님 말씀에 순종하면 가정과 이웃, 직장에서도 순종하는 사람이 됩니다. 하나님 말씀에 순종하기 위해서는 훈련이 필요한데, 이것을 위해 당신은 어떤 노력을 하고 있습니까?

3 오늘 주신 말씀에서 깨달은 교훈은 무엇입니까?

실천 메시지

모든 것의 시작점

모든 것은 순종에서 시작됩니다. 순종 없이는 아무것도 이룰 수 없습니다. 중세 유럽의 한 수도원에서 제자를 삼기 위해 두 청년을 시험했습니다.

첫 관문은 배추 심기였습니다. 그런데 수도원장이 배추 뿌리를 하늘을 향해 심으라는 것이었습니다. 제자가 되고 싶어 찾아온 두 청년은 밭으로 갔습니다. 한 청년은 수도원장의 말대로 배추 뿌리가 하늘을 향하게 심었고, 한 청년은 수도원장의 말과 반대로 배추 뿌리가 땅을 향하도록 심었습니다. 수도원장은 배추를 심어 놓은 모습을 살펴보고 두 번째 청년을 불러 말했습니다.

"청년처럼 똑똑한 사람은 혼자서 사십시오. 당신은 선생 자격은 있을지 모르지만, 제자로서 자격은 없습니다."

순종은 주님의 제자가 되기 위한 첫째 조건입니다. 순종하지 않는 자에게는 가르침이 주어지지 않습니다. 진리는 자기를 포기하고 겸손하게 받아들이는 자가 받는 은혜입니다. 우리는 순종하지 않아 받아야 할 것을 받지 못하는 경우가 많습니다. 더 이상 배울 것이 없는 사람은 순종하지 않습니다. 그러나 날마다 배우기를 원하는 사람은 순종합니다. 당신은 어떤 사람입니까?

"너희가 즐겨 순종하면 땅의 아름다운 소산을 먹을 것이요"

– 사 1:19

Tip 순종 성품 연습하기

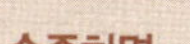

순종하면…

1. 순종하면 축복이 찾아온다.
2. 순종하면 사람들에게 사랑받는다.
3. 순종하면 어려운 일도 쉽게 풀린다.
4. 순종하면 은혜를 받는다.
5. 순종하면 필요할 때 쓰임받는다.
6. 순종하면 지혜가 생긴다.

Delicious Bible study_02

순종이 제사보다 낫다

| 사무엘상 15장 17-31절 |

생활 나눔

1 순종하면 어떤 유익이 있습니까? 실생활의 예를 들어 말해 보세요.

2 사람들은 보통 순종하는 것을 싫어합니다. 그 이유는 무엇일까요? (교사와 학생, 부모와 자녀, 어른과 어린이, 상관과 부하, 선배와 후배 등에서)

말씀의 살핌

▪ 사무엘상 15장 17-31절을 읽고 질문에 답해 보세요.

1 사울은 어떤 상황일 때 왕으로 부름을 받았습니까? 그리고 하나님이 명령하신 것은 무엇입니까? (17-18)

2 사무엘은 사울 왕이 하나님의 명령을 듣고 어떻게 했다고 말합니까? (19)

3 사무엘의 말에 사울은 뭐라고 변명했습니까? (20-21)

4 사울의 말을 듣고 사무엘은 사울의 경청하지 않는 잘못을 지적하면서 하나님의 심판을 이야기합니다. 그 내용은 무엇입니까? (22-23)

5 사울은 잘못을 뉘우치지만 진정으로 뉘우치지 않았습니다. 무엇을 통해 알 수 있습니까? (24-25)

6 사무엘은 이런 사울의 잘못을 책망하면서 하나님의 뜻을 전하는데, 그 내용은 무엇입니까? (26-29)

7 그런데도 사울은 끝까지 자기변명을 하면서 진정한 회개를 하지 않았습니다. 무엇을 통해 알 수 있습니까? (30-31)

말씀의 깨달음

1 사울이 이스라엘 왕으로 뽑힌 것은 하나님의 말씀을 듣고 순종하게 하려는 것이었습니다. 그런데 사울 왕은 하나님의 말씀을 듣는 데 실패했습니다. 이유가 무엇입니까? (삼상 15:1 참고)

2 사울은 하나님의 말씀보다 백성들의 말과 여론을 더 중요하게 생각했습니다. 그리고 결국 그 이유로 실패했습니다. 반면 다윗은 하나님의 말씀을 잘 듣고 성공적인 삶을 살았습니다. 이것을 보고 순종의 중요성을 말해 보세요.

3 사무엘이 순종이 제사보다 낫다고 말한 이유를 이야기해 보세요. 순종하는 자는 하나님의 축복을 받습니다. 그 이유는 무엇입니까? (마 7:24 참고)

말씀의 적용

1 오늘 주신 말씀에서 깨달은 교훈은 무엇입니까?

2 처음 겸손할 때는 사람의 말을 잘 듣습니다. 그러나 교만해지면 말을 듣지 않습니다. 왜 사람은 교만하면 다른 사람의 말을 듣지 않을까요?

3 잘 듣고 순종하면 성공적인 삶을 살게 되지만, 순종이 부족하면 패망하고 맙니다. 잘 순종하기 위한 지침을 말해 보세요.

실천 메시지

순종을 통해 일한다

알렉산더 대왕이 온 세계를 파죽지세로 정복해 나갈 때였습니다. 한 번은 몇 명 안 되는 적은 군사를 이끌고 거대한 성을 침략했습니다. 아주 견고한 성이었습니다. 알렉산더는 성 앞에서 성 안의 왕을 부르며 소리쳤습니다. "이 성과 네 군사를 내게 바쳐라. 싸워서 피해 보지 말고 미리 항복하는 것이 좋을 것이다!"

성 안의 왕은 큰 소리로 웃으면서 "그렇게 적은 군대로 무싸움이나 할 수 있겠느냐?"라고 말하면서 항복을 거부했습니다. 그러자 알렉산더는 자기와 군대의 힘이 얼마나 강한지를 보여주겠다며 군대를 일렬로 세우고는 명령했습니다. "저기 보이는 낭떠러지의 꼭대기를 향해 행진!" 알렉산더의 병사들은 낭떠러지 꼭대기로 올라갔습니다. 알렉산더는 다시 명령했습니다. "낭떠러지에서 거꾸로 떨어져라!"

그러자 알렉산더의 군사들은 거침없이 한 사람씩 낭떠러지 아래로 몸을 던졌습니다. 그렇게 열 명이 떨어져 죽었습니다. 열 명이 죽은 후 알렉산더 왕은 그만 떨어질 것을 명령했습니다. 성 안에서 이 모습을 지켜보던 왕과 군사들은 벌벌 떨었습니다. 그리고 생각했습니다.

'저렇게 죽음을 두려워하지 않고 왕의 명령을 따르는 군사들에게는 아무리 강한 요새도 견디지 못할 것이다. 우리는 견디지 못할 것이다.' 그러고는 모두 항복하고 말았습니다.

우리가 믿는 주님은 세상에서 가장 위대한 분입니다. 하나님이 말씀하시면 거기에는 우리가 생각하는 것 이상의 좋은 뜻이 있습니다. 하나님은 우리가 어떤 일을 하기보다 순종할 것을 원하십니다. 그런데 우리는 순종보다 일을 더 원합니다. 하나님은 우리의 순종을 통해 일하십니다. 그러나 순종하는 사람은 그리 많지 않습니다.

순종이 힘든 것은 믿음이 부족해서입니다. 하나님에 대한 믿음의 여부가 우리의 순종을 결정합니다. 하나님은 종종 이해 못하는 일을 요구하십니다. 그것은 우리의 순종을 보시기 위함입니다.

Tip 순종 성품 연습하기

1. 순종이 왜 중요한지 생각하자.
2. 기도하면서 순종하자.
3. 고난을 통해 순종을 배우자.
4. 순종하려면 잘 듣는 것부터 시작하자.
5. 가능한 한 전인적으로 순종하자.
6. 순종을 자신을 죽이는 기회로 삼자.

Delicious Bible study_03

질서에 순종하라

| 에베소서 5장 22-24절, 6장 1-8절 |

생활 나눔

1 당신은 누구에게 순종해야 합니까? 순종할 대상을 정해 보세요. 왜 그들에게 순종해야 한다고 생각합니까?

2 순종해야 할 사람에게 순종하지 않아 나쁜 결과를 얻은 적이 있으면 말해 보세요.

말씀의 살핌

■ 에베소서 5장 22–24절과 6장1–8절을 읽고 질문에 답해 보세요.

1. 가정에서 아내들은 남편에게 어떻게 해야 합니까? (22)

2. 그렇게 해야 하는 이유는 무엇입니까? (23–24)

3. 자녀들은 부모에게 어떻게 해야 합니까? (1)

4. 왜 자녀는 부모에게 순종해야 합니까? 부모에게 순종하면 어떤 복을 받습니까? (2–3)

5 종(직원들)들은 상전이나 상사에게 어떻게 해야 합니까? (5)

6 종들이 상전에게 순종하는 방법을 말해 보세요. (6–8)

말씀의 깨달음

1 세상에는 하나님이 세우신 질서가 있습니다. 그 질서에 순종하는 것이 중요한데 그중에는 남편과 아내, 부모와 자녀, 경영자와 직원, 국가와 국민 등이 있습니다. 모두 하나님께 순종하는 가운데 이루어지는 질서입니다. 왜 그럴까요? '주께 하듯' '주 안에서'라는 구절이 주는 의미는 무엇입니까?

2 사람에게 순종은 어려운 일입니다. 순종보다는 불순종할 때가 더 많습니다. 이것은 하나님과 인간, 세상의 질서에도 동일하게 적용됩니다. 왜 사람들은 불순종하기를 더 좋아할까요?

3 순종하면 하나님의 뜻이 이루어집니다. 그런 이유로 잘 순종하는 사람에게는 축복이 임합니다. 순종하는 자에게 임하는 축복을 말해 보세요. (요 3:36; 히 13:17 참고)

말씀의 적용

1 오늘 주신 말씀에서 깨달은 교훈은 무엇입니까?

2 당신은 가정에서, 교회에서, 직장에서 얼마나 순종하고 있습니까?

3 가장 순종하기 힘든 부분을 말해 보세요.

실천 메시지

순종하는 공동체

사람들이 언제 순종하지 않으려고 합니까? 그것은 순종할 대상이 스스로 권위를 떨어뜨렸을 때입니다. 부모와 상사와 권력자들의 권위가 무너지면 사람들은 순종하기 어렵습니다. 주변에 보면 부모의 말에 불순종하는 자녀들이 많습니다. 직장에서 상사의 요구에 순종하지 않고, 어른의 말을 듣지 않는 아이들이 많습니다. 그것은 일차적으로 권위가 땅에 떨어져서 생기는 일입니다. 순종을 요구하기 전에 부모, 상사, 어른들의 격을 높여야 합니다. 먼저 좋은 모습을 보여주면 자연히 순종의 질서가 세워집니다.

지시받는 것을 좋아하는 사람은 없습니다. 사람은 자기 나름대로 인격과 살아가는 방식이 있기 때문입니다. 순종하는 공동체나 사회가 되려면 먼저 위에서부터 순종하는 모습을 보여주어야 합니다. 부모가 하나님께 순종하는 모습을 보여주는 것이 좋습니다. 또 부모가 윗사람에게 순종하면 그 모습을 자녀들이 본받습니다. 이것이 순종의 질서입니다.

나이가 많이 든 사람에게도 순종해야 할 대상은 있습니다. 세상은 이렇게 서로 순종하면서 돌아가는 것입니다. 서로 복종하고 존경하는 사회가 되면 순종은 물처럼 자연스럽게 흐를 것입니다.

Tip 순종 성품 연습하기

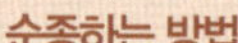

순종하는 방법

1. 즉시 순종한다.
2. 기쁘게 순종한다.
3. 조건 없이 순종한다.
4. "예"라고 대답하면서 순종한다.
5. 이해가 되지 않아도 일단 순종한다.

가정과 생활에서 성품을 습관화하기

1. 부모는 자녀에게 바른 행동을 가르친다.
2. 자녀는 부모의 가르침을 잘 따른다.
3. 부모는 자녀에게 하나님과 부모를 잘 섬기는 본을 보인다.
4. 말씀에 근거한 것이면 힘들어도 순종하려고 노력한다.

실천사항

1. 하나님의 질서라고 생각되면 윗사람에게 즉시 순종한다.
2. 자기보다 먼저 된 사람에게는 좋은 태도를 갖는다.
3. 맡은 일에 끝까지 책임을 다한다.
4. 죄가 되거나 그릇된 것에는 순종하지 않는다.
5. 잘 이해되지 않아도 일단 순종하는 자세를 보인다.

참고성경

- 아비를 조롱하며 어미 순종하기를 싫어하는 자의 눈은 골짜기의 까마귀에게 쪼이고 독수리 새끼에게 먹히리라 _잠 30:17
- 너희가 전에는 하나님께 순종하지 아니하더니 이스라엘이 순종하지 아니함으로 이제 긍휼을 입었는지라 _롬 11:30
- 이같은 사람들과 또 함께 일하며 수고하는 모든 사람에게 순종하라 _고전 16:16
- 종들아 모든 일에 육신의 상전들에게 순종하되 사람을 기쁘게 하는 자와 같이 눈가림만 하지 말고 오직 주를 두려워하여 성실한 마음으로 하라 _골 3:22
- 그가 아들이시면서도 받으신 고난으로 순종함을 배워서 _히 5:8

지은이 이대희
장로회신학대학교 신학대학원(M.Div)과 연세대학교 연합신학대학원(Th.M)을 졸업하고 에스라성경대학원대학교 성경학박사(D.Litt) 과정을 마쳤다. 예장총회교육자원부 연구원과 서울장신대 신학과 교수와 겸임교수를 역임하고, 서울 극동방송에서 "알기 쉬운 성경공부" "기독교 이해" "전도왕 백서" "크리스천 습관 칼럼" 등의 프로그램을 진행했다. 성서사람 · 성서한국 · 성서교회 · 성서나라를 모토로 한국적 성경교육과 실천사역을 위해 집필과 세미나, 강의사역을 하고 있다. 누구나 평생 성경을 배울 수 있는 한국형 바이블 칼리지인 엔크리스토성경대학을 설립하여 매주 월요일 성경을 가르치는 사역을 하고 있다. 현재 바이블미션 대표, 꿈을주는교회 담임목사로 섬기고 있다.
주요저서로 『맛있는 성경공부』『성품시리즈 4권』『30분 성경공부』『맥 잡는 기도』『하룻밤에 배우는 쉬운 기도』『이야기대화식 성경연구』『예즈덤 영재교육』『예수님의 통자녀 교육법』『크리스천이여 습관부터 바꿔라』 등 150여 권이 있다.

저자 이메일: ckr9191@hanmail.net

맛있는 성경공부 성품 시리즈 ❸

관계성품

초판 1쇄 발행 2012년 2월 29일
초판 5쇄 발행 2018년 9월 12일

지은이 이대희

펴낸이 정형철
펴낸곳 아가페북스
등 록 제321-2011-000197호
등록일 2011년 10월 14일
편집장 이수진
기획편집 방재경
디자인 조성미

주 소 (06698) 서울시 서초구 효령로 8길 5 (방배동)
전 화 584-4835(본사) 522-5148(편집부)
팩 스 586-3078(본사) 586-3088(편집부)
홈페이지 www.iagape.co.kr

ISBN 978-89-537-8074-3(04230)
978-89-537-8071-2(세트)

아가페북스는 (주)아가페출판사의 단행본 전문브랜드입니다.

아가페 출판사